함께 하는 마음 기쁩니다.

2023. 12.
각 인 하 드림

나비 등에 오른 자유비행

나비 등에 오른 자유비행

시산맥 기획시선 121

초판 1쇄 인쇄 | 2023년 12월 20일
초판 1쇄 발행 | 2023년 12월 26일

지은이 곽인하
펴낸이 문정영
펴낸곳 시산맥사
편집주간 김필영
편집위원 신정민 최연수
등록번호 제300-2013-12호
등록일자 2009년 4월 15일
주소 03131 서울특별시 종로구 율곡로 6길 36. 월느오피스텔 1102호
전화 02-764-8722, 010-8894-8722
전자우편 poemmtss@naver.com
시산맥카페 http://cafe.daum.net/poemmtss

ISBN 979-11-6243-436-9 (03810)

값 10,000원

* 이 책은 전부 또는 일부 내용을 재사용하려면 반드시 저작권자와 시산맥사의 동의를 받아야 합니다.
* 이 책은 교보문고와 연계하여 전자북으로 발간되었습니다.
* 본문 페이지에서 한 연이 첫 번째 행에서 시작될 때에는 〈 표기를 합니다.
* 저자의 의도에 따라 작품의 보조 동사와 합성 명사는 띄어쓰기가 달라질 수 있습니다.

나비 등에 오른 자유비행

곽인하 시집

■ 시인의 말

우리 함께 나르고 싶다
멈춰 있을 때 뛰는 가슴은 연필 들고 숨 고르며
하늘 나는 비행을 시작한다

마음 밝은 숲길로
노란 장미꽃밭으로
붉은 칸나 왕관 속으로
황소 싸움장 함성 속으로
그리고
바람 그리려
달빛 고르려
나비 따라 떠난다

2023년 늦가을,
곽인하

■ 차 례

1부 꼬마 병정

꼬마 병정	19
라코스테 작전	20
불씨	22
어부의 집	24
종소리	26
나비 등에 오른 봄	28
신의 돌	29
점유보다 편한 소유, 더 좋은 공유	30
반 나누기	32
왼쪽 광장	34
칸나의 금요일	36
하늘 가는 길	37
북소리	38

2부 바람 그리기

제3지대	43
카렌시아	44
담	46
마네킹 챌린지	48
바람 그리기	50
이방인	52
초록 잔등	54
바람 불면 삿갓 쓰고	56
플라밍고 연정	57
예촌리 외갓길	58
항아리 둘 빚기	60
하얀 장미를 사나요	62
이분법	63

3부 달빛 고르기

그림자 시그널	67
달빛 고르기	68
버스킹 오후 마당	70
동화작용	71
신라의 달밤에 아라비안 달빛이	72
젠젠 구젠	74
호른	76
리멘시타 수선화	78
소리 빛이 되다	79
반도 이력서	80
올리브 숲의 노래	82
인공지능으로 쓴 편지	84
침잠	86
별 일곱이 내리는 낙타 등	88

4부 보슬비 캔디

빈 배	93
나비의 방	94
나그네 부동산	96
미인 모노로그	98
눈빛 비행	100
아버지의 노래	102
자유비행	104
동행	106
칸나 크라운	108
삼각 무너뜨리기	110
하얀별 노란달	112
황금 분할	114
보슬비 캔디	116
블루스 비행	118

■ 해설 | 문정영(시인)　　　　　121

1부

꼬마 병정

세비야 투우장을 나올 때 눈이 그쳤다
환호하다 울고 나오는 사람들
햇빛을 피해 뭔가를 찾고 있었다
내가 슬플 때 생각나는 친구
검정과 빨강을 좋아하는 나는 따뜻한
털 한 묶음의 검정 모자에 묻어 놓을 게 있다
붉은 세비로 코트 망토에 기댈 게 있다
그 남자
총을 멘 근위 병정 인형과 눈이 마주친다
오늘도 투우들을 지키지 못해 마음 아픈 것일까
하늘아, 네가 거느릴 병정은 아직 살아 있음을
소들의 아버지가 보낸 그 햇살이 비치고 있음을
여기 어둡고 무거운 도시에서
병정들의 행진은 왕국의 파수꾼들
성스런 금빛 순교자의 아침을 기억한다
그 남자
병정을 안고 눈물짓는다
옆에 있는 람보 인형을 하나 더 산다
눈이 다시 내린다

라코스테 작전

　내 등 뒤에 악어를 키웁니다
　나보다 느릿한 호흡에, 앞가슴 쪽 새끼 한 마리가 먹이를 원해도 눈을 감고 있지요

　그놈이 여름이면 밖에 나가 외로운 듯, 배고픈 듯 항상 입 벌린 악질로 소문이 나서 증권사 친구 말이 "저놈처럼 입 벌리고 덤비면 입에 들어가는 게 없다" 주식은 입을 다물고 있다가 컹하고 벌리면 모두가 빨려 들어가는 고등어잡이야!
　너도 세력에 들어와!
　친구의 정복자론 나도 찬동하지, 미니언이 챔피언 치면 착취처럼 스펙이 쌓이고 곧바로 정복자로 행세하지 때를 놓치면 악어에게 본때를 보여줄 기회를 놓쳐 버려,
　제2의 악어 떼들이 재공격에 들어가면 매복해 있다가 다시 뛰쳐나오는 지배자들 사냥꾼을 거느리고 악어 세력을 지휘하나 흐름과 성공은 아무도 모르지

　친구는 여름이 지나고 원동력이 임계점을 넘어서자 다시 작전 개시! 문은 열어 놨다고!
　오늘도 긴 잠수 끝에 한 건 물었고 완벽한 포획이었으나 불행히도 동족 초록 악어의 긴 목이었다고, 악어 공격은 무조건

물속으로 끌고 가 질식시켜 잡아먹는 방식이지
　사람들은 섬뜩해하면서도 악어를 거느립니다

　내가 거느린 라코스테는 항상 눈은 감고 있고 큰 입을 벌리고 있습니다

불씨

  우리 집 마당은 검다
  비가 오면 검은 물이 고이고 호미로 땅 파면 내뿜는 불 내음에 돌이 구워진 텃밭
  맨드라미 심으면 붉은 꽃을 피울까
  초록 봄에 새는 돌아왔어도 은지는 보이지 않고, 강아지 빈집에 고양이가 들어 검은나비라 이름 지었다
  가끔은 흑염소에 쫓기어 큰 눈 번뜩이는 검은나비는 은지의 커다란 눈을 닮았다

  아버지랑 옛 화전민은 몰래 불을 질러 산을 다 태우고 도망갔다가 태연하게 돌아와 검정 민둥산에 밭 갈고 금강송 골라와 상량 올려 집 짓고 살았다
  아버지는 네 덕분에 새집 짓고 산다고, 내 방 따로 지어 큰 창문을 내주었다

  불바다, 그날 은지와 나는 둘이 피운 불더미 속에 감자 묻어놓고, 고라니 노니는 엄마 무덤 찾아가는데, 뒤편 산등성이에 불꽃과 연기가 하늘로 솟구쳤다
  그곳, 불더미 속 불씨가 불바다를 이루었다 생각하니 겁이 나서 도망치다 동굴 속에 숨어들었다

〈

   동네는 다 타 버리고 모두는 난민 수용소로 모이고, 은지네는 서울로 이사했다

   새벽안개 피면 바위 밑 불씨 자리에 율녀가 춤을 추었다 물결치는 치마폭은 바위의 증언을 아는 걸까 운무 속 긴 머리 처녀가 영산홍 한아름의 불꽃을 안고 왔다

   고라니가 왔다 가면 웅덩이 물이 줄고 먼 데서 놀던 구름은 동굴로 달려갔다

어부의 집

어제 이사했습니다

햇빛은 잘 드나요

잿빛 그늘 조각들이 기웃거리고
바람이 굽이굽이 직각을 두 번 돌아오면
이웃의 신음이 창으로 스며들어
아빠가 엄마 구박하는 소란으로 채워지지만
네모의 반은 잠겨서 외풍은 없지요

집주인을 찾습니다

어부의 집엔 내가 가득합니다
  나는 촛불을 켜고 눈을 감습니다 우리의 창세기 왕국이 시작되는 계절은 기다리지 않고 바꿔 갑니다 창문 앞 그림엔 새가 홀로 날고 있지만 에피그램의 네모 속은 출발입니다 작은 네모 속의 자소서를 몇 번이고 수정하여 오늘을 팔고 오는 노동 중에 반은 중력을 키우는 일, 투우가 투자하는 사투의 교훈을 되새기며 매일 어망을 손질합니다
  주인집 천국의 셋방에서는 애를 낳다가 죽었다지요 사내는

갈 곳이 없어 뒤따라갔고요 아이는 훗날 벽과 벽 속에서 또 다른 네모를 꿈꾸는 건축가가 되었습니다

  나는 슬플 때 항구를 노래합니다
  당신은 파도라고 중얼대구요
  함박눈과 소주를 좋아한다 했습니다
  두 꾸러미의 요람, 반은 비워 놓습니다
  고기 잡는 사람들 창문엔 늦은 단풍이
  불그스레 내 얼굴을 닮은 여인을 부릅니다

  면사포 쓴 파도는 아름답습니다

종소리

정오의 사이렌이 울린다

검정 버스가 달리며 보따리 하나를 던진다

던진 돌에 맞은 과녁은 나일 수 있다
저 차에 누가 탔고 보따리에 무엇이 들어 있을까

우리는 아무거나 그리워하지 말자
비 오는 날 오늘의 운도 걸지 말자
싸우던 한 쌍이 자기 것이라 우기다
아주 기발한 기만으로 던져 준 것
아니면, 위력이 대단한 폭약일는지

오늘은 사이렌이 두 번 울린다

사형수가 집행장 가는 길
죄를 덮어쓰지 않고 스스로 죽겠다는 것
음독 후 버린 흔적일 거야
혹시, 유서라도 있는 걸까
손가락 혈서로 쓴 X자가 어른거린다

〈
　나에게 던진 걸까, 세상의 아담들에게 던진 과녁의 사과 몇 개
　사랑했던 이브가 준 반지, 아니면 아무것도 없는 빈 보따리
　머리 위에 성수를 부어 달라는 마지막 고함

　슬픈 수수께끼는 멈추고 있다

하늘엔 흩어지지 않는 뭉게구름이 쳐다보고 있다
종탑 위에서 종소리가 쏟아진다
아시나요!
종소리는 너무 빠르게 웁니다

나비 등에 오른 봄

봄나비 주머니 속의 흰 봉투
캄캄한 동굴 속 지루한 나날
몽유병 나으면 터트린다는 위안에
컹컹 짖어대는 우울을 꺼내 날린다
봄날의 건배, 몽롱하게 불 튀기는 소문들
가방 속에 구겨 넣고 잠재우지만
큰북의 소란스런 심장 소리가
매일 맞는 숙취의 도가니에 가두어도 튀어난다
모가 난 네모는 뾰족하게 다툴 거야
둥글둥글한 물결로는 훌쩍일 거라고
큐브와 구슬들의 시위가 가방을 들썩인다
두 번째 마음들이 뒤척이며 바삭거리고
가슴엔 묵언의 수직이 세워질 때
수평은 기어들어 노란 하늘을 노려본다
내 안의 소리들, 별을 찾아 달리며 꿈꾼들
유리 상자 속 알람을 깨우고
새봄에 떠나라는 꽃길 연다
나비 등에 올라 봄으로 날아간다

신의 돌

하늘에서 별꽃 한 송이 초원에 떨어진다
양띠가 놀라 모여들고
누군가 내린 빛을 받고 돌이 된다

돌은 대지의 전설과 생명이 깃든 혼으로
빛의 칼이 빚은 신의 배분 하나를 가슴에 안는다

제국의 씨앗이 자라고
탯줄로 이어진 혼령은 목동을 지배한다
시대의 전장에 홀로 나서 칼을 이겨낸 돌!
왼손 돌팔매의 직분의 빛으로 왕국을 세우고
양띠들이 모여드는 천국
헤브론에서 솔로몬을 이어지는 님의 세상이다

돌은 님의 언약이고
왕의 옷을 벗기고 왼손에 쥐여 준 돌
님 오시는 날의 선물이다

다비드는 신의 돌을 든 왕이다

점유보다 편한 소유, 더 좋은 공유
-노랑 트렁크 주인 찾기

검정 코트 입은 여인이
노란 트렁크를 끌고 탑승구로 다가온다
내 트렁크와 똑같은 노랑이 굴러오고
화물로 부친 짐이 당당해 보인다

기내로 들어온 여인은 선반에 가방을 올려놓는다 당신은 어찌하여 내 가방을 갖고 있나요 물어볼 용기 없이 가슴이 뛴다 주인들의 다툼, 당연하고 냉정한 외면, 그 속을 열어 보아야 안다 가방의 벽은 두꺼우나 투명하다

화물 취급이 안 되는 바이올린 몸통에 짓눌린 곰 인형
무도회 긴 망토 걸친 세느 강변의 스냅 사진
핑크와 진홍 립스틱이 다툰 손수건이 검붉다

또 다른 가방 속이 보인다
반쯤 읽은 책갈피 속에 남의 물건 탐하는 사람들이라는 낙서
마리아를 위해 글을 쓴다는 보카치오의 인곡人曲
그 안에 갇힌 용기와 갈등이 접히고
선물로 받은 새 면도기의 숨이 가쁘다
〈

주인이 다른 두 꾸러미의 혼돈
속은 노랗고 겉은 거무스레한 키위
인연의 분간이 어려운 에포케의 흔적들이
일방적 점유를 꿈꾸다가 깜짝 놀란다

비행기는 착륙한다
짐들을 토해내는 화물은 빙빙 돌며 주인을 찾는다
이미 여인과 노랑 트렁크는 출구 쪽으로 멀어져 가고
뒷모습이 예쁘다
내 노랑은 아직 보이지 않는다
나는 기다려야 한다

반 나누기

반쯤 남은 술잔을 비운다
하루의 반을 소비하는
마지막 건배가 아쉽다

어부의 아내처럼 전화가 자꾸만 오는데
반은 왔다고 말한다

내가 반을 가면, 반을 오라 했지만
아내는 마중 오지 않는다

무심한 반달에게서 듣는다
나는 반 푼쯤은 훨씬 넘어 보인다고
반달, 너의 반쪽은 어디에 두고 언제 채울는지

문을 반쯤 열고 고개 내밀면
아내는 반은 벗은 채 흰 무덤을 보이고
반푼사 깃 사이로 고개 돌려 웃는다

서로가 서둘러 맞는 밤 이야기
옆집은 재산을 반씩 나누자고 싸웠단다

〈
오늘 밤도 반은 편안하다

왼쪽 광장

당신은 숨어 있나요
입술인지 꽃잎인지
당신은 점령군이나요
왼쪽 광장을 송두리째 차지하고
가슴 벅찬 고뇌로 숨을 쉬네요

당신의 모습은 변하나요
산이 되고 구름이 되고
감색 평원에 자주색 깃발로
회색 바다에 핑크빛 돛으로
카키 잔디에 흰 수선화 피우나요

당신은 나들이하나요
화려한 파티의 영웅이 되어
윗집 라펠의 장미를 시샘하고
옆집 브이존과 소통하나요

당신은 바닥을 말하나요
가끔은 고독하고
남자 가슴의 별이 되나요

깃발이 되어 남자를 지배하나요

세상도 점령하나요

칸나의 금요일

금요일은 바람이 붑니다
차라리 비가 내렸으면 좋겠습니다
여인은 밤을 좋아했고
비가 내리면, 죽은 듯 밤이 되어 돌아옵니다
여인은 올 때마다 붉은 사랑의 배분을 외치고
나의 손을 잡고 숲으로 이끕니다
여인의 밤은 무엇으로 채워지나요
당신은 여자의 집을 지을 것입니다
아프리카 마사이 여부족처럼
새가 울고 싶을 때 돌아가는 숲속에
행복한 종말을 예언하는 붉은 입술과
오늘을 휘감는 초록 치맛주름의 힘줄들
슬픈 언어로 시위하는 이카로스 두건을 두르고
-나는 나를 사랑해
그다음의 사랑은 계절을 따라가고
바람 부는 금요일이면 충분하지
아직도 물러나지 않는 오늘이 있습니다

하늘 가는 길

나 가다가
소낙비 부서지면
얼굴로 맞을 거고
다리 아프다
발길 돌리지 않을 거고
강바람 울어도 소용없는 일

노을 타는 서녘
낮달이 실눈으로 눈 흘길지라도
남강 물길 거슬러 가물치 튀는 소리
외롭지는 않을 거고

천문사 목탁 소리
꽤 기운차다만
나를 위한 염불은 턱도 없을 게다

몇 고개를 따라온 아낙
어디 가냐, 묻는다

아무도 가지 않는 내가 가는 길
가다 쉬고
쉬다 가는 먼 길

북소리

쇼윈도우에 강물이 넘실댄다
물결 따라 휩쓸리며 반항하는 여인들
달빛 비집고 나온 태아의 순결들

팔 잘리고, 허리 꺾이는
신들린 곡예와 마술에 무너질 때
인형들은 인간의 육체와 섞이고
야만의 시대에 꾸러미로 태어났다

뒤섞인 네모 속은 한밤중이다
뭇시선도 아랑곳없는 한가로움
벗은 몸에 가방 걸치고 모자 쓰고
밤새 시달려 손님 맞는 무대 위에
괴물스런 유행과 교만이 꾸며진다

더운 여름 긴 외투 걸친 여인들
옷깃 사이로 배꼽이 추워 보이고
달빛 없으면 보이지 않을 옷
머리엔 붉은 띠를 두르고 미소를 배운다
〈

오늘 밤엔 이렇게 죽었다가
다음날 붉은 치마를 입을까

밤에만 움직인다는 괴담 따라
왕들의 큰 북소리 따라
머리에 분홍꽃 달고
종일 웃어야 했던 한낮의 표정 지우고
소복 옷 단장에 실컷 울어 본다

플라스틱의 텅 빈 고요 속으로 빠져들 때
멀리서,
유랑하는 안티고네*의 북소리가 들려온다

* 죽은 사람의 매장과 부의는 신들이 부여한 신성한 의무라고 주장한 그리스 신화의 공주

2부

바람 그리기

제3지대

잠에서 함박눈이 내렸다 눈을 뜨면 소낙비 내리는 밤이었다
　나는 지금 어디쯤 날아 왔는지 모른다 가슴 크게 부풀어 올라 떠다니다가 비를 따라가기 시작했고 함께 가던 제비가 사라졌다 등을 치는 사람이 있어 머문 곳 초록 숲속에서 꽃씨 뿌릴 고랑과 이랑 찾고 있었다
　강이 흐르는 공원 옆 원두막 오이 내음에 낮잠 한숨 보내고 요즘 둥둥 떠다니는 남자는 바로 나다 이 남자는 형들과 다투다가 도시 비싼 땅 다 뺏기고 선산 낀 골짜기 땅 집어 들었는데 넓어 보이긴 했지만 아버지는 넌 셋째이니 3번째라고 지역을 배분하셨다
　요즘 뉴스가 한창인 신도시 건설이 이곳이라니 내가 성할 리 있을까
　몸이 산산이 부서져 흩어지고 날아가고 붕 떠서 하늘 속 바다 속 어디인지 꿈 인지 나는 지금 이곳에 와 있다
　형만 한 동생이 있다
　제3지대!
　내 왕국이다! 오늘 밤도 함박눈이 내리는 꿈을 꾸고 싶다

카렌시아*

하늘은 야수의 난무로 열려 있다
붉은 햇살 쏟아지면 올리브 가지 흐느끼고
꽃이 지고 싶은 달의 계곡으로 마중 나갈
마지막 시간이 다가온다

카포테**의 무당춤이 내 하늘을 무너뜨리고
아버지가 좋아하던 비는 정의가 걸어오듯,
편견이 가로질러 달아나듯
나를 스쳐 가고 신의 응답은 없었다
신은 올 수 없었는지 조그만 창을 내주고
마지막 햇살로 아버지를 보내주셨다
내가 찾는 대지에 빛은 내리고
가슴에 숨을 채우고
승자만이 지닌 칼날에 베인 상처 안고
큰 짐 지고 하늘나라 제국의 땅에 오르리라

내 차례가 다가온다

　무대 위의 정해진 승부와, 예견된 울분과, 인간의 위선이 물든 붉은 깃발의 살의가 침묵의 위장으로 다가온다 신은 인간을 만들고 인간은 소를 키우고, 죽이고 환호하다가 늦게나마 내 뒤를 따라올 것이다 나는 아버지의 무등을 타고 어느 하늘 구름 속을 떠다니다가 비가 되어 객석으로 내릴 것이다

   종이 울린다

   문이 열린다
   태양은 밝고 뜨겁다

   * 스페인 투우가 마지막 일전을 앞두고 숨 고르고 대기하는 자기만의 공간 대기소
   ** 투우사가 소를 흥분시키는 붉은 천

담

 차마 기울지 못한 달, 그믐은 넘길 수 있을까 남은 달빛 휘령전 앞뜰에 머뭇거리고 큰 산을 끼고 북두칠성 건너갈 채비에 밤은 깊어가고 뒤주 앞 흑피혜엔 빗물이 가득 고였다

 창이 없는 오두막, 하사품 방 한 칸 찾아 오늘쯤 누군가 오는 날 밤, 이레쯤 되는 밤, 밤마다 오는 운혜의 발자국 소리를 기다린다

 경춘전 섬돌의 운혜 두 짝은 자정을 기다리다 동반자 인연 찾아 임종의 뜰로 달렸다

 울타리마다 다른 장작불이 타오르나 오늘도 인기척 없는 오두막은 깜깜하다 달빛은 누구의 품에 드는 것입니까, 소복한 여인은 누구 편이고 어느 담장을 넘어야 합니까

 아침에 오를 빛과 그다음의 빛, 날 낳아 준 빛 모두는 어디로 향하는 것입니까

 며칠 간의 기약으로 어느 하늘로 떠나려 하십니까, 해가 되지 못하고 달이 되려는 승천입니까

꽃상여 메김소리와 나비가 받을 꿈도 그리다가 지우다가, 달이 둘로 뜨지 못하는 울부짖음도 마지막입니까

나는 하늘을 본다 구름이 신의 빛을 가리고 만장 휘날릴 때 나비도 뒤를 따른다 달이 지고 또 다음 해가 뜨는 궁궐 담장마다 가득한 햇살, 그다음의 달맞이를 기다린다

무덤 위에 달이 울고 있었다

* 휘령전 : 사도세자가 갇힌 뒤주가 머문 궁궐 뜰

마네킹 챌린지

옷을 입지 않거나 없는 것들
벌거숭이라 부르지

하얀 피부로 태어나
햇빛 페인팅하며 춤을 출 건지
뛰는 사슴 따라 도망칠는지

쇼윈도우 넘실대는 강물 위 태아의 순결들은 다둥이들로 찍혀 나온
복제품들, 불에 약하고 물에 뜨는 속이 빈 것들, 뒹굴고 나갈 힘이 없지
벌거벗고도 영웅이 된 다비드는 몸에 지닌 무기로 살아가지
단골 소녀가 유리 벽에 달아 준 리본
뛰쳐나가라! 종족의 피를 이어가라!

밤새
시달려 손님 맞는 옷깃 사이로 휜 등이
추워 보이고, 붉은 치마에 붉은 머리띠 두른
이마, 그 아래 두 눈 부릅뜬 도전과 미소
〈

들려오는 큰 북소리에 가슴 설레인다

바람 그리기

매화 가지에 묵이 멈추면
연둣빛 봄 싹을 틔우고
꽃술은 붓을 바꿔 짓게 누르다
가볍게 날려 덧칠하고요

매화 분홍의 소란이
붓이 지나는 길목마다 수묵과 어울리면
미소와 침묵을 함께 날립니다

달빛 설화 따라온 맑은 노랑이
하얀 배꽃과 다투어 부딪치면
농과 담의 일필이 하늘 두려워 멈칫할 때

쪽배 탄 흰 두루마기 선비가
머무는 듯 노 젓는 듯
검정 갈매기에 눈이 팔려
서둘러 바람을 그렸는데 물안개가 깔립니다

물속에 뜬 달이 파계한 어스름밤
유곽의 홍등은 깜박이며 노래 부르는데

흰 적삼 검정 치마 나부끼는 아낙의 깃발은
오색 찬란한 수묵의 무지개를 띄웁니다

아낙이 보낸 갈매기는 까맣게 울보채고
선비는 배를 강나루로 돌립니다
어두운 밤의 담묵으로 파하는 달빛이
노 젓는 무필에 장단 맞춰
배는 어느덧 강나루에 닿았습니다

* 水墨, 破開, 淡墨, 舞筆

이방인

내 집은 바다에 있다
고래 입만 피하면 산호초꽃 둥지
마냥 느려도 빠른 세월 흘려보내고
달의 모양 따라 파도 너울 따라
어디쯤 흘러왔는데 자식들이 보이지 않았다
밀물에 몸을 맡기고 먼 길 떠나왔다

해변 모래밭에 점 하나 움직인다
거북 등지고 뭍에 오르면 정류장에 빨간 우체통 하나
자식들에게 소식 전하고 싶다
살아 있는 것들은 울어 본 적이 있음을,
옛 조상이 뭍에서 장수이었다는,
등 껍질 문자의 주술이 사람들을 불러 세우고
벌거벗은 사람들이 모이고, 수군거리고
수조에 가두어지고 가끔 먹이가 떨어진다

돌고래 쇼 무대는 만원이다
용솟음치는 비상에 박수가 터져 나오고
등에 숨긴 내 목을 보려는 사람들
기다리다 눈 흘기고 떠나가 버리고

산동네 아이들은 등에 돌을 던진다
뭍은 상인들의 장터다
물건값 떨어지면 수직으로 꽂히는 눈총들
다시 값이 매겨지는 실험실로 가두어
왼팔에 팔찌가 채워지고 등골에 아르고*가 새겨진다
바다에 몸이 던져지면
뭍에서 보행하는 한점은 사라진다

썰물을 기다린다

* 해양의 위도와 경도 따라 바다의 염분 및 온도 생태 등을 관찰하는 국제적 공인 실험

초록 잔등

길게 엎드려 자고 있어요
웃고 있는지 모르구요
가끔 초록 등이 꿈틀거립니다

내 등을 밟고 산에 오르는 구둣발
옛 성벽 기왓장이 무너져 내렸던
총성의 기억을 간직했습니다

품 안의 상평통보 쇳소리
아버지가 내 품에 넣어주신 유패
노랑과 파랑의 소리와 색깔 중에
나는 가운데를 기도합니다
한가운데를 품으면 기우뚱거리지 않고
우리를 온전히 지켜 냅니다

기울지 않는 집을 짓습니다
꼿꼿한 초록 벽 사이 법궁의 현판
"중용의 뜰"이라 이름 지은 별자리 유패를
내 아들의 주머니에 넣습니다
〈

산이 울 때마다 나를 부릅니다
아버지가 아버지! 하고 울 때
나도 아버지! 하고 울었고
아들도 아버지! 하고 불렀습니다
내가 좋아하는 세상은 한가운데입니다
초록 잔등은 엎드려 대답합니다
언제라도 일어날 수 있습니다

바람 불면 삿갓 쓰고

어딘가 가고 싶고 그리울 때
바람이 어디로 부나 보고 떠난다
흘러온 소문처럼 밀리고 싶은 계절에
흔들리는 나뭇잎 서글퍼 보여도
어디선가 기러기는 바람을 선물하지
무당의 점괘처럼 동으로 갈까
뭇사람들 휩쓸리다 둥지를 떠났어도
김삿갓 봇짐 챙겨 방랑의 길 가다가
동자승 바랍 뒤로 줄을 섰다
바랑 속 가득한 꽃씨 한 자루
도시의 품이 넓어 보이려나
야생의 벌판에 꽃씨 뿌리려
바람 등진 사람들이 기러기 찾아온다
머문 자리 탓하지 마라
떠나면 시작이고 돌아오면 사랑이다
우리는 삿갓 쓰고 기러기 찾아간다

플라밍고 연정

아무 데서나 먹이를 찾는 건
머릿깃 검은 물새들의 수치야
남에게 보일 자태는 분홍이어야 해

한쪽 다리를 들고 곧바로 서면
세상이 보이고
병정이 보이고

붉은 코트에 검정 털모자는 우릴 닮은
황실 파수꾼 고양이들
하루 종일 몇 날을 앞만 보는 수컷들
어깨 위 총대는 우리의 왼발을 닮았어요

새들은 어찌 같은 쪽만 바라볼까
검정 깃 병정의 수직 본능 따라 뭍으로 가고 싶지만
포수의 총 앞에 분홍 깃 맞서지 마라
아버지의 유언이 슬퍼요

두 발로 합쳐 서는 근위병들
한낮의 정오를 데려와 자정에 춤추게 할 때지
플라밍고의 왼발 서기는 수직 사랑의 승리야
셋이 함께 서는 수직은 사랑의 집 짓기
검정과 분홍은 사랑입니다

예촌리 외갓길

소나무 편백 숲길
예촌리 외갓길
물갈대 울타리치고
방죽 가득 물을 담다
물 위 비친 숲속으로
버들치 뛰어들다
허탕 치는 군소리가
퍽이나 재미나다

수련잎 함박웃음
초록 물 멍석 깔고
햇살 쬔 구슬은
눈물을 굴리고
그 넓은 잎 위에 무엇을 담을는지
칠월 백련은
소복을 차리고
백옥의 치마폭을 휘날릴 것이나
할머니 흰 적삼은 구름처럼 하늘 난다

아직도 남은 길

방죽의 고요와 소요騷擾는
나와 함께
할머니 등에 업힌다

항아리 둘 빚기

달이 들어와 둥근 빛으로 침묵하다
스스로의 몸을 빚고 꽃이 되었습니다
항아리 속은 어두울까요, 배는 볼록합니다
알몸이 펭귄을 거느린 시베리아의 얼음판에 살아 있다가
진흙과 어울려 검정으로 떠내려오다
유물의 탐욕스런 빛을 보고 속이 채워지기 전에
몸을 부리고 하얀 몸통을 태웠지요
울음소리는 흰빛을 발산합니다

달빛 닮은 노란 매듭을 선물합니다
항아리 허리춤에 두 줄로 묶어 걸치고
내 안에 넘치거나 유적이 부르는 것들로 흰 눈 위에 산을 그리고,
강물을 흘려 배 띄우면
그동안 먹고 남은 사람들의 사과와
유영하는 올챙이 한 쌍의 씨받이들과
까치 집에 든든한 기둥 세우고
식구 늘려가는 흥부의 꿈을 가득 새겨 봅니다

새로운 항아리를 빚어 봅니다

그곳에 채워질 인상파의 추상들
언젠가 들어가야 할 무덤과
간직한 음부의 보호막 속에 숨겨 둔 구슬이
폭넓은 터를 잡고 구르며 나를 부릅니다
내 반을 절약하고 당신의 반을 섞어서
만들다 부숴 버린 남은 것들을 모아서 거느리고
순백과 파스텔이 범벅이 되는 무채색의 직분을 빚습니다

항아리 속은 비워 둡니다

하얀 장미를 사나요

꽃집에 들려 가나요
누군가 질문했으면 좋을 것 같은
어떤 사람과 식사하나요
시간은 늦지 않은지요
그냥 자리해서 좋을 거라면
자꾸만 메모지를 읽어보는데
어려운 숙제가 있나요
시계탑을 지났는데
손목시계를 또 바라보는 건
첫 맛남에 긴장한 탓일까요
쇼윈도우 거울 속 나는 누구인지
내가 건네줘야 할 것과
받아서 아픈 것들도 중에
하얀 병아리 둥지는 너무 빠릅니까
점점 걸음이 빨라지는데
이르지 않을는지요
헤어질 때 인사는 뭐가 좋을까요
네,
하얀 장미는 항상 제 몫입니다

이분법二分法

강이 흘러서 산이 두 쪽 나고
도랑과 이랑을 자르는 큰 칼바람이
유배지 넘는 총소리 베어 버리듯
국경을 넘나드는 새들의 총총걸음은
점령군도 모르는 경계를 나누고
성벽을 쌓은 둥지와 요람마다
울타리 허물고 강물을 돌려 볼까
영산홍 싸릿문이 용서할 만큼만
문을 열어 기다리고
깃발은 나중에 펄럭이게 꽁꽁 메어놓아
구름 따라 두 줄로 소리치며 달려간다
기다려본다
어제의 구름이 모두 흘러갔다
흰 줄의 비행선이 갈라놓고 간
두 쪽 하늘에 은하수길 쪽배에서
엄마 양손에 쌍둥이 손이 다정해
빈 섬들이 기다리는 만조의 웃음을
어느 쪽이나 반기면 좋겠다

3부

달빛 고르기

그림자 시그널

여인이 구피 어항을 들고
건널목 파란불에 함께 걸었다
수컷의 화려한 노란 깃, 슬픈 눈은
주인이 분양 날을 알린 걸까
나는 비단잉어의 큰 골격을 맘에 두고
오늘 물 한 동이 값으로 사고 싶다
유리 어항 하나 비워 두고 기다린다
여인은 사람을 기다리는지
물고기를 팔려는 건지 서성댄다
루돌프 레인보 깃이 화려해 보이고
내가 좋아하는 네온블루는 멀리 보인다
루돌프가 어항에서 나왔고
주인이 새 어항에 넣고 수초를 장식하니 예쁘다
나는 루돌프 어항을 들고나왔다
건널목에서 여인이 눈을 번쩍이며 울고 있었다
여인은 따라오고 있었다
다음 건널목에서 같이 머물고
내 그림자를 밟고 있었다
어항 속 루돌프가 노랑 깃을 펴고 웃어 보일 때
옛 친구 파란 모자 펭귄을 넣어 준다
나는 그녀의 그림자를 밟고 있었다

달빛 고르기

하현달 저문 밤
소녀가 달빛 타고 사라졌다
당산의 장승 위에 달이 걸리면
소복에 합장하고 노래하곤 했다
님의 빛은 날 제물로 태우소서! 이 세상 허수아비의 허리를 꺾고
항아리에 구겨 담아 빛의 제국으로 보내 주소서!
그믐에 갔다가 보름에 오는 빛이 되게 하소서!

스무날 긴 밤
어둠으로 망설이던 하늘은
보름날 여인을 달빛으로 내린다
마을은 달불로 빛을 마중 나가
고깔 쓰고 풍물 울리고
달불 주위를 돌고 돈다
한 아낙이 불 속으로 뛰어들어
빛을 타고 내린 여인과 포옹하고
두 빈 몸들은 달불 속에서 춤을 추었다
천둥 치고 하늘 문이 열리고
여인들은 마을 민복과 소망의 봇짐을 지고 하늘로 올랐다

〈
파제의 풍물이 울고 난 뒤
빛은 신주神酒를 소낙비로 내려
깊은 우물에 음복할 청수를 가득 채운다
보름날
달불을 준비하고
그 빛을 기다린다

버스킹 오후 마당

우시장 공터 고양이 웅크린 마당
할머니 좌판대 광주리엔 나물이 반쯤 남고
팔려 가는 소들의 울음소리가 파장으로 몰고 가
소판 주인의 술 취한 노랫소리
광대가 뒷발로 치는 북소리는
노래하는 새들을 불렀다
늦고 늦은 가난한 데뷔곡이
오늘 하루 고행의 순례자 줄 세우고
건너편 삼숙이 눈에선 눈물이
울어야 할 하루치가 마당에 고이고
거리의 우상들은 고장 난 오후를
고치려, 투사처럼 창을 번뜩이고
신전에 봉헌된 야누스 얼굴을 조각하며
도시를 이야기하고 오늘을 노래한다
소리 따라 돌아오는 사람들
노을 따라 떠나가는 사람들
오후 마당은 함께 노래 부른다

동화작용

내 얼굴은 검은 꽃잎
바람 부는 대로 흐느끼고
이웃 새빨간 꽃잎들이
수레에 담기고, 붉고 오만한 꾸러미는 팔려나가고
난 구석 자리 턱 고이고 기다린다
무채색의 수난이래도, 교만한 노랑은 싫다
내 얼굴에 햇살이 찾아왔다
당신의 빛으로 당신의 대지 위에 피어난
그 딸 중에 열두 번째쯤
검정의 깃발이고 싶다

지루한 오후 사내가 내 허리를 안고
꽃잎에 얼굴 대고 향기에 취했나 보다
안개꽃 면사포 속 침묵하는 여왕처럼
한 묶음 속으로, 사나이 품속에 안기었다
안방의 창가에서 별빛을 기다리고
하프 낮은 음계가 밤마다 설렐 때
마티스 정물 속 고양이가 시샘하는
어둠 속의 꽃잎!
나날의 밤을 누이고 시들어 갈 뿐이지만
우린 셋이서 부부가 된 밤을 보낸다

신라의 달밤에 아라비안 달빛이

 호수에 달이 둘 떴다
 하늘엔 아라비안 빛이 찾아왔고, 신라의 빛을 띤 달은 물속에 머문다
 나는 선착장에 내려가 최치원 호라는 오리배를 타고 달밤에 둥둥 떠가는 구름이 되었다가 쪽배가 되었다가……
 아라비아 왕자는 돌아갔어도 아라비안 달빛은 두고 갔어요
 고운孤雲*님이 함께했던 빛은 피라미드 무덤 속에 파고들고, 파라오는 잠들지 않고 존재할 뿐 달빛이 오가는 왕래에 굳게 입 다물고 기다릴 즈음 알라딘의 아내는 낙타 타고 온 모두가 신이 되기를 도전하다 무덤 속에 들 뿐이라고 신전에 기도할 때
 스핑크스의 다문 입이 달빛에 내리는 언어
 -동방에 별이 셋 있다
 -유라시아를 뒤흔든 대문장가! 홀연한 구름 고운孤雲! 하늘에서 시를 내리고
 -달아 달아 밝은 달아, 노래하는 시선詩仙 이백*의 노랫소리 그치지 않으며
 -신라의 왕릉은 피라미드 중 가장 큰 별, 살아 있는 궁전이다

오늘도 신라의 달밤엔 아라비안 달빛이 든다

* 고운孤雲 최치원 : 857~신라 대문장가 외교 유람가
* 이태백 이백 : 중국 당나라 낭만 詩仙

젠젠 구젠*

파지를 분쇄통에 넣으려다
비닐봉지에 넣으면
아직 쓸모가 남을 성싶은 미련일 거야
동감과 괴리, 한숨 뒤섞여 찢긴 조각조각
"젠젠 구젠"이란 한 구절이 눈에 띈다
어떤 변명의 도구로 사용하듯
긴장이 멈춰도 흘러도 존재할 뿐이고
원고를 마무리 못 하는 슬픔으로 남은 것들
우울한 아내가 잘게 부셔버렸지
자신이 죽음에 이른다는 추측
그녀는 알츠하이머 초기다
돌아가신 아버님의 유전형으로 상상하고
서재는 정리되고 새 책과 헌책으로, 연도별로
색깔별로 알록달록한 건반으로 눌러보고
그 소리 애달파서 아내를 불러 보았다
바람 탄 그녀의 신들린 주문
우리는 전우야, 맹렬히 싸워야 해!
전쟁터의 패배는 소멸이지!
쓰다 멈춘 원고의 테마는 노란 유채밭
아내는 그 노란 벌판에서 혈투 한판 벌여 보자는

전혀 우연 아닌 바람을 몰고 온다
함께 휩쓸리고 뒹굴었다
노랑나비들이 날아오고 있었다

* 전혀, 우연

호른

브람스는 소년을 좋아합니다
죽은 공주를 위한 파반느
새벽을 깨우는 소년의 궁정 무곡
슬픈 추억을 노래합니다

길고 가느다란 목을 지니고
동그랗게 구부린 몸엔 바다가 머뭅니다
파도 넘는 듬직한 고랫소리
돛을 올리는 편동풍의 쉿소리
꼬리에 꼬리를 무는 파도소립니다

녹황색 쇠 마디에 굴러가다가
돌아가야 하는 울림과
만나야 하는 뿔과 뿔의 변곡은
무쇠의 터널을 지나고
예쁜 나팔꽃을 피우며 웁니다

너무 슬프지 않아요
함께 울기 때문이지요
〈

너무 기쁘지 않아요
조금씩 나눠 주기 때문이지요

힘센 음계는 손으로 사뿐히 막고
사냥이 시작되는 표적을 향합니다

높지도 빠르지도 않게
피아노의 이야기를 들어 줍니다

함께하는 중간 지대의 파수꾼
소년의 뒷모습은 나팔꽃입니다

리멘시타 수선화

종이 울면 꽃이 핍니다
꽃이 피면 순결한 달빛의 수행은
종탑에 십자가 하나 걸어 놓습니다
밤이면 신음하는 꽃잎들
죽어서 밤이 된 한낮의 오래된 것들
자기 것이라 탐하지 않습니다
꽃이 우는 소리 아름답습니다

피어난 대로 웃어 보여도
수선화 찾아온 홀씨 하나
햇빛 담아놓은 항아리 맴돌다
눈물로 쓴 편지 지우려 밤으로 돌아옵니다
그리고, 오늘의 임종에 목 놓아 울다가
새벽종 울릴 때면
수녀원 앞뜰에 피어납니다

하얗고
노랗고, 아주 느리게 노래 부릅니다
너를 사랑해! 리멘시타

소리 빛이 되다

봄빛 나르는 비올라 선율
광장에 소리가 가득하다
전설의 제복 입고 깃발 든 소리의 함성들
천상의 옥타브를 지닌 잎새들의 노래
별빛 들고 보랏빛 음계가 떨림으로 다가올 때
점령군의 말굽 소리는 현과 활을 꺾는다
탱크 구르는 진동에 부서지는 도시의 소리
긴박한 탈주는 순간의 굉음
소리만으로 울다가 소멸할 뿐……
빛으로는 머물지 못한 어둠의 벌판이다

단칼로 굴절되는 천둥 번개의 소란은
어둠 속 소리와 빛의 시차 혼돈이다
노점상의 분노, 엑소의 으르렁, 페미니즘의 합창
봄을 부르는 사슴들도 목에 꽃을 달고 달려온다
번쩍이는 눈동자는 광장에 빛을 뿌리고
첼로의 음계는 빛의 높이로 흐른다
시작되는 빛이 소리가 되고
끝의 소리가 빛이 되는
광장은 빛으로 부풀어 오른다

반도 이력서

산맥시山脈市 주소에는 분화구가 있다
태고의 공룡이 솟구치는 불이 무서워
달아난 발자국마다 물이 고이고
큰 짐 무거워 허리 굽은 잔등들
낙타 등 무덤 낳아 동맥으로 잇고 묶어 놓았다
초록 채알 드리운 곳 상여꽃 만발할 때
호랑이가 사는 산 8번지는 경사가 났다
백호는 아들의 큰 맥을 자리 잡아
큰아들은 백두라 부르고
너는 금강산이야, 너는 태백이고
나그네의 역사는 대간의 맥으로
남으로 품고 달린다

반도의 젖줄이 초록 눈물의 깃발을 들고
흰옷 입은 나그네 뗏목 타고 흐를 때
강물은 노래 부른다
한강수 깊고 맑고, 영산강은 푸르다
낙동강 하구 5번지엔 장어가 살고
바다로 가야 할 꿈은 바람의 세월에 맡겨
꿈틀대는 욕망의 춤은 제 세상을 만났다

강언덕에 무덤을 둔 지어미는
백골은 흘려보내고 빈 가슴 들고 파르르 떨고 있다
이제, 모든 것을 보내야 한다
산은 크게 울었고 강은 눈물을 흘렸다

올리브 숲의 노래

고흐는 종달새 노래를 그린다
오선지 밭골에 구름 혼 올려놓고
가난한 공상의 달을 숲속에 띄웠다
올리브 나뭇가지 흐느끼는 음계는
밀밭 속삭이는 화음으로 여인 부르고
달빛 들고 눈 감은 사나이는
초록빛 옥타브 밭골을 사랑으로 채운다
세잔의 누님이여, 이곳으로 오라!
당신의 천국은 어둠일 섯이니,
흔적 지워진 노오란 물결 위에 배를 띄운다
뱃머리에 별 떨어지는 스타카토 음속에서
숲속의 황소 두 마리는 여인을 맞는다

봄날의 초록 여인은 옷을 벗어 던지고
팔레트 남은 진노랑을 덧칠하며
속살 보인 밀밭으로 헤엄쳐 들어가
삼나무 가지마다 세레나데 잎을 달았다
사나이 붓이 그린 삼나무 꿈속에서
실성한 별 찾아 소란을 지우고

하늘 따라 치솟는 종달새 목소리 따라
눈물 감춘 여인은 떠나가고 있다

인공지능으로 쓴 편지

잠자리 담장 돌아 안갯속에 눈을 키운다
공작단풍 사이로 블루엔젤을 스쳐오는
길을 누비는 버튼의 관성
나비는 알람 울면 날개가 휘듯 빠릿빠릿
시동 걸고 향수 뿜고 음악 트랙 바꾸는
반복의 일상은 지능의 피로가 겹친다
자율 주행의 녹색등은 빌딩숲을 헤집고
속도계에 시선이 머물면 재빠른 감속
능동의 신경망은 순혈의 한계다
도착! 장소는 19층 5호실 바게트!
융단 위 동반자들이 하나 되어 냄비로 흐른다

돌아오는 무거운 하루, 흔들리지 않는 오후
리니지Ⅱ가 아덴성 공략 중일 때
소등 예고의 부자가 운다
설정된 직분의 이파리만 나부낄 뿐
연록의 동화작용에 바쁜 세포들과
잿빛 금속 칩의 달가닥거리는 쇳소리
혼혈의 동맥이 하루를 지배한다
오늘 밤 편지는 너에게 맡긴다

"당신이 그립다"라고 부탁했다
나는 깊은 밤으로 들어간다

침잠

배가 섬에 닿았습니다
하늘과 바닷속에서 세발자전거가 아장아장 다가와 나를 태우고, 짐은 길 위에 둔 채로 몸만 실려 왔습니다

식사는 노을이 질 때 모두 모이고 늦으면 내일과 겨룹니다

초롱불 다섯을 밤마다 밝히는 남자는 시인입니다 창문을 지나는 불빛이 별을 찾아가면 바다는 느리게 파도를 앞세우지만 맨날 그 자리이고요, 어둠은 누구에게나 봄 바다를 내어준다고 노래합니다

섬에는 오는 전화도 가는 시간도 없습니다 하얀 낮과 검은 밤과 붉은 노을이 번을 갈아타고 배는 산 위에 노란 깃발이 걸리면 오는데, 배를 고치다 해가 서쪽이면 다음날 떠납니다

아침 햇살이 얼굴에 닿을 때 밤, 이를 젖은 짐이 느리게 노려봅니다

계절마다 온다는 군복 입은 소녀는 모닝커피를 내립니다 아침 햇살 담은 향기라고 미소를 권하구요, 군대 간 오빠와 과

속 질주하는 차에 치여 죽은 고양이를 기념하는 나비 핀을 꽂고 있지요, 이젠 돌아가지 않고 눌러삽니다

   라떼 아줌마는 하루 내 팔아도 다섯 잔, 커피값으로 현금은 없구요, 겨울 목도리, 옛날 시집, 종이학 한 움큼과 내가 건넨 뜨개질 실타래에 흐뭇해합니다

   나는 매일 해변에서 춤을 춥니다
   거북이 뭍으로 나올 때 나는 바다로 스며들어 황혼과 섞이어 잠기면, 지닌 것 없이, 잃은 것도 없이 나는 하얀 도포를 입은 나에게서 멀어집니다

별 일곱이 내리는 낙타 등

오늘 아직 손님이 없다
지나는 사람들 발걸음 바쁘지만 느슨한 졸음이 오고
소낙비가 내릴 것 같다

눈이 부셔 한쪽 눈이 떠졌다
얼굴 반이 시궁창에 묻히고 자전거 바퀴가 헛돌고 술통들이 나뒹굴고
기우제 모내기 논에 배달할 탁주통이 풍비박산되었다
아빠는 화난 얼굴로 몽둥이를 끌고 온다
엄마 얼굴이 보이다 금세 사라지고
새엄마는 부적 한 장을 보이며 엄마가 주고 간 것이라 건네주었다

엄마는 나를 버리고
새엄마는 아빠를 버리고
아빠는 세상을 두고
절름발이는 토담집 두고, 별 일곱 부적 들고 길음동에 왔었다
저 무서운 몽둥이를 피해야 한다! 숨이 가빠지고 눈이 떠질 때
소나기 큰 빗방울에 잠과 꿈과 점괘가 뒤섞인다
〈

좌판의 동전통에 북두칠성 부적을 붙여놓고 어머니를 기다리는 나날
 젊은 한 쌍이 점쳐 달라며 지폐 두 장을 던진다
 둘이 갈라서지 말라고 동전을 합쳐주니 신통한 도사님이라고 손뼉 친다
 둘 중 하나 고르는 선택과 적중은 반반, 우쭐할 일은 아니나
 내가 자리 잡아 가고 있음을 느낀다

 단골손님이 왔다
 노파는 매월 초하루 복채를 들고 와 자기 아들 만날 날을 물었다
 오늘이 그날이라며 꽃다발을 들고 왔다
 손님! 아들은 죽었다는 점괘이구요
 별 일곱이 내린 낙타 등에는 아무도 보이지 않습니다
 아니요! 아들은 찾았습니다, 아주 용한 점괘에 탄복합니다
 부적과 꽃을 두고 총총히 사라지는 노파 손님

 어머니라 불러 보지 못했다
 단골손님으로 다시 오는 날
 둘이 낙타 등에 오르는 날이다

4부

보슬비 캔디

빈 배

어부의 아내는 매일 남편을 잃는다
풍랑과 뭍에 간 아들이, 기다림이
큰 바다에 잠기곤 한다
어부는 파도와 싸우지 않고 같이 산다
오늘도 아내는 한밤중에야 두 손을 모으고
달에게 바다를 내어 준다
빈 배에 달빛을 태워 보내면
바다는 뉘라도 반기지만
누군가는 보내 주지 않는다
달이 우는 밤, 빈 마음
어부의 아내가 빌어야 할 기도와
어부가 대답해야 할 언어들
파도 위에 줄지어 반짝인다
-당신을 기다린다

달에게 내어 준 바다가 파도를 보내왔다
빈 배가 돌아왔다

나비의 방

바다가 보이는 방으로 주세요
햇빛은 들고 조용합니까

동백섬 새 떼가 날아든 계절
제 발로 걸어 들어오는 난민 수용소
긴 터널을 벗어날 순간은 기다려야지
내 발로 나갈 때까지는 긴 안식년의 동굴이야

밤은 무엇으로 채우나요
505번 방 여인은 요가 다운독 마치고
발코니로 종이비행기를 날립니다
나비가 그려져 있습니다

옆 방 합숙소엔 새들을 불러 채우고
밤마다 바다로 향하는 새들과
훗날 뭍으로 나오는 나비들의 동굴방
유충이 소녀로 커가고 나방 옷을 벗을 때
그 울음소리도 모자라 허물을 날립니다

두 번째 비행기가 날아 왔어요

-나는 오늘 바다로 떠납니다
고래 등 타고 물의 수평을 배우고
밀물과 썰물이 오가는 사연 따라
멀리 날려는 힘의 배분으로 비행하고
파도에 휩쓸리지 않는 세상을 익힙니다
새로 태어나는 변태의 몸에
날개가 돋게 하고 갑옷을 입힙니다

바다는 나비가 가는 어머니 뱃속입니다
새들이 나비로 태어나는 천국
종이비행기를 날리고 설렙니다
새를 그렸습니다
다음 계절의 예약은 나비의 방입니다

나그네 부동산

이곳은 그 사람 땅이다
산 너머 구름 밑 숲 돌아 강 언덕까지
파란 궁전엔 가끔 사람들이 보이고
산은 물러서고 강이 속살 보일지라도
소란은 늪으로, 침묵은 바람 타고 들떠 있다

땅은 누군가를 기다린다
주인이 누구이건 아픈 얼굴 파묻고
밀서의 봉투는 되돌려 보내지만
옛 초가 외양간을 품에 안을 때
아낙들 흐느낀 강둑은 사라지고
만장은 땅속으로 숨어 버린다

땅은 자꾸만 옷을 갈아입는다
삼일장 끝나면 크레인 말뚝 세워
거대한 괴물들이 층층으로 쌓여 오르면
레고처럼 맞춰진 타운이 생겨나고
수군대는 소리가 이웃 담을 넘는다

이웃은 철장 드리워진 교도소 자리

운 나쁘고 선한 눈으로 날짜 세던 곳
옷깃 여밈 없이 팔 걷은 점령군은
강마을 팔각정 상량에 북어 한 쌍 걸어 놓았다

나그네의 명당에 깃발이 펄럭인다

미인 모노로그

그 여인은 누구인지 모른다
농부의 호미 날에 부서진 두 어깨,
눈을 떠 본 세상은 에게해 바닷가
헬레니즘 제국의 여신이 내려와
알렉산드도로스 여인으로 환생한다

왕처럼 윗옷을 벌거벗은 여인은 말이 없다
그 몸을 빚은 어머니는 누구일까
양팔을 잘라버린 도둑의 사연도 모른다
제국의 지배자들의 칼날 자국과
그 상처 속에 한이 없어도 존재하는 숨
신전의 음모와 항변의 용서가 섞인
침묵의 대응으로 웅변하고
혁명하는 깃발은 몸으로 펄럭인다

몸의 균형은 아름다운 혼을 부르는 함성!
여인의 숨결은 나비처럼 곱다
정결한 미소와 돌 같은 침묵
빛과 영(靈)이 부딪치는 외침들
가슴속 보물의 빛을 온몸으로 말하고

제국의 남자를 유혹한다
사나이들은 유물의 뿔잔에 술을 가득 붓고
여인에게 올리고 머리 숙인다

비너스는 오늘도 침묵하고 있다

눈빛 비행飛行

피카소는 눈 셋을 그린다
감춰진 눈은 허공의 과녁을 겨누고
은둔하는 시선을 무섭게 벼르고 있다
새의 눈동자가 초점을 같이하고
부리는 내 눈을 노리고 다가올 때
눈초리는 낭떠러지로 추락한다
긴 배율의 초점을 뒤로하고
젖은 눈망울, 분노의 붉은 눈동자,
기억을 현상하는 눈시울은 빛의 승부를 미루고
차곡히 쌓아 내린 눈밭 속에 묵혀둔다

보이는 눈 하나가 비행한다
손오공이 탄 구름 위의 평온에
시선을 누이고 잠재우다가
넓은 세상과 숲속의 빛을 보았다
다람쥐 눈치보다 놀란 곰의 교만한 눈
멧돼지의 허기진 눈초리
자식 잃은 사슴의 슬픈 눈
승부 앞에 머무는 빛과 소리의 비행이다

눈빛들 한쪽만 보고 있다
그곳만 알겨내는 고집스런 멈춤을
더욱 넓은 바닷색으로 드로잉하고
공간에서 머물다 다른 빛을 찾아 나른다

아버지의 노래

둘이는 다정합니다
서로 부둥켜안고 꿈틀대는 아버지의 대지
달과 해가 나누는 고랑과 이랑이 태어납니다

압구정 배추밭 농부의 괭이날이
두 줄을 합치고 굽이치는 이랑 지으면
골에 물이 스미어 둔덕에 감자순 돋고
평강공주가 온달을 설득한 마을
골이 천오백은 넘는 밭고랑 수 헤아리고
바보는 마음을 정했다지요
온달의 마을엔 농부들이 모여들고
북한산 암벽에 패인 마애불의 탄생을 그립니다

농부는 어릴 때 물에 빠진 아이를 구하고
초록색 왕자 훈장을 받았지요
문장에 새겨진 불상이 공주를 닮았는데도
사내를 낳고, 그 아들은 마애불과 온달을 닮았습니다
넓은 땅 말 달려 말뚝 박고, 깃발 세워
하늘 나는 도시를 지었습니다
훗날 아버지의 마지막 노랫소리 들리는 날

밭고랑에 아버지를 묻고
이랑 흙 덮어 지은 평지, 평장平葬

지구는 편편합니다
고랑 지으면 이랑에 새순이 돋습니다
세상은 이랑 고랑 노래 부릅니다

자유비행

나비섬 행 항공기가 이륙했다
원고지 두 장을 머릿속에 펼친다

몽롱한 이명의 동굴 속에서 지상의 함성과 하늘의 성난 기류가 부딪치고, 항로는 유턴하여 북방으로 향한다 빙하 건너 골짜기마다 순백의 기둥이 돌무덤 속의 자유와 차가운 깃발 모으고, 얼음 신전의 잔해가 된 양파 돔은 시베리아를 지키고 있다

이글루 속, 눈 녹여 밥 짓는 아낙은
얼어붙은 항아리를 부순다
잠 깬 남편은 낮에 잡은 숭어를 던지며 고함 지른다
횡단 철도가 지붕 위를 지나는 꿈속
이글루가 헐리는 찰나의 꿈 이야기
얼음 기둥을 뛰어넘는 눈표범들
도망치는 펭귄의 아장걸음
시베리아는 얼어붙어 있었다

이제, 다시 회항해야 한다 태풍은 기수를 서남방으로 밀어 낸다

발칸반도의 자그레브 꽃 숲, 옛 내분의 연기는 사라지고 폭풍을 다스렸던 용사들이 꿈틀대는 축구장을 지나, 세모 무덤 뾰족이 솟은 중동의 사막으로 날아간다

스핑크스의 쫑긋한 귀에 물었다
요즘의 평화는 몇 개로 가능하나요!
마침, 포성이 다섯 번 울리고
-그 평화! 그만큼은 빼야 한다며
검정 히잡이 차창으로 던져지고
까만 눈동자의 여인은 노래 불렀다

이제, 정기 항로를 찾아가야 한다
나비 떼가 반기는 평화와 고요의 정원, 센토사섬
해적들의 은신처라는 전설의 긴장 속에
카펠라 호텔의 뜨거운 열기와 흥정!
몇 개의 버거와 평화 몇 개의 기약인지
나비의 표정엔 없다

하얀 원고지 여백은 반쯤 남아 있다
나비 한 마리 그려 놓았다

동행

비 오는 날 고양이는
턱과 생각을 수평으로 내린다
수직의 바늘 내리는, 성난 소낙비 속
눈은 침침한 오후의 투정 속으로 잠입하고
빗속의 바람은 무료한 소용돌이를 묻는다
난 너에게 어떤 바람일까
침묵으로 웃을 뿐, 허튼 빗소리 흘리고
꽃을 밟던 발톱 세운 고양이는
입술 위 포식의 붉은 흔적을 지우고
용서할 수 없는 눈초리의 야생을 탓하지만
바람과 함께 수평의 빗물에 휩쓸린다.

우리는 박달나무 잎새 떨구는 산골 오두막 찾아
함께 머물 때, 새로운 색깔의 바람이 불어와도
붉은 눈동자의 외침과 깃털의 유희가 반길 뿐
하루의 무상 궤도가 속마음을 이탈하면
꿈이 있었는지 모르는 오두막의 공명 속에서
어눌해진 목청 다듬고 소리 지른다
함께 가야 한다,
고양이는 홀로 기다리고

비는 홀로 내리고
바람 난 강에서 합류한다

칸나 크라운

뜰 안 가득한 햇살은 오후를 발갛게 익히고 꽃잎 표정 감춰 온 불꽃은 진분홍, 넓은 치맛자락 수선水仙의 여린 물결로 시집 올 때 소문난 큰 며느리 별자리 크라운

모내기 품 앗는 날 진 흙더미 정강이로 집에 든 여 장수 흙의 여인이 토담집 부엌으로 돌아왔다

내일은 시어머니 제삿날 작은집 며느리는 못 온다고 앵두 한 소쿠리를 보내왔다 생전에 머리채 잡혔던 유월의 긴 해는 모질게도 분말로 부서져 늦은 밤 오시는 길에 뿌려지려나

여인이 쌓아온 성이 있다 아들 둘 불러 모은 늦은 저녁 나란히 누운 두 놈의 양말 벗기고 머리를 쓰다듬다 훌쩍 큰 두 어깨를 만져본다 엄마의 시절은 몸에 익은 전투복 입고 항상 곁에 있는 성지기의 찬 손에 쥐어진 장검을 칼집에 넣는 밤 이야기

긴 하루의 배는 이제 느린 걸음으로 정박한다 어둠이 짙어지면 뒷마당 장독대에 성숙한 사발 올리고 옥비녀 풀어 헤친 머리가 왕관처럼 빛을 뿜으며 별을 데리고 그녀의 밤이 내려

온다

  외양간 군불 때는 지아버지가 부를 때까지 합장한 손을 내리지 않고 낯 붉은 칸나는 밤의 빛으로 진분홍을 피운다
  꽃을 심어주신 시아버님도 오시려나 서쪽 먼 하늘로 긴 꼬리 달고 달려오는 별 하나 있다

삼각 무너뜨리기

담비가 토라져 돌아섰다
바람난 낙엽이 수군거리고
담비의 긴 꼬리를 물고 따라갔다
통발 속 미끼만 훔쳐 간 지느러미가 힐끗 보이고
그 흔적은 요란한 알람으로 울려왔는데
하트가 두 동강 나고
눈물 두 방울의 이모티콘이 바르르 떨었다

네모 전장에 불 튀기는 결투
제인은 동굴 속 박쥐의 날개가 되어
퍼덕이고 분노했다
대충돌이다
담비의 동공은 레이저를 탐색하고
올가미 덫을 던져
저공비행으로 숲의 활주로를 달려왔다

아직도 숲이 울고 있었다
삼각관계의 방식이다
버진로드 융단 길
꽃왕관 쓰는 관계의 초점을 형성하고

네모 숲속을 밝히는 촛불 하나
그 깊이를 현상한다

하얀별 노란달
-김영산 교수 시집 『하얀별』 축하 메시지

여인은 하얀별*이 되어 간다
장례 후 상여에 올라타면 입적이다
그것은 시 속의 메김소리 높아질지언정
바윗돌 비문에 울음 한바탕 새겨 놓아도
상여꾼 도시 안 불빛은 별빛을 따라가고 있다

달불 속 여인은 달을 찾아간다
시인이 좋아하는 하현달 그믐밤
폐가의 상여 속 텅 빈 어둠 속에
달빛 고르다 달불 속으로 들어간다
그리고 보름달 밤 신주를 기다리며 춤을 춘다

시인은 묘비에 두 소원을 빈다
하얀별과 달불 여인의 소복 옷자락 춤
하얗고 노랗고 맑고 맑은 물결 소리들
사랑은 중간 지대에서 빛을 그리고
부딪치고, 음의 태양* 속 짧은 빛에 올라탄다

세상의 부질 없는 생산과 소비는
터를 내준 우주적 배려에 순응하는 부스러기 텃밭

그곳에 아기 낳고 다음의 하얀별 키우기
그다음에 달불 소녀 기르기

지구는 장례 중이고 사과를 안겨 준다
먹히기 위한 사과, 겨울에도 익어 가는 이모작 사과와 벌레한테 먹힌 부패한 사과를 받고, 안 팔린 창고지기 사과, 좌판대에서 졸고 있다가 떨이해서 덤으로 주어지는 사과들, 폐허와 무덤 속에서 이어지는 하얀별의 다음 빛을 기다리고 있다

모두는 제물을 별들에게 보낸다
모든 정성을 달불에 실어 보낸다
시인들은 거듭되는 부활을 꿈꾸며
하얀별의 임종을 다시 기다린다

* 하얀별, 음의 태양 등은 본문 인용된 詩語

황금 분할

바다 한가운데 여인을 두고 왔다
프로방스의 밤을 두고 왔다
올리브 나무 굽은 등, 농부의 침묵은
멀리 페르시아 황금 뿔잔의 빛을
마중했다는, 사자를 사랑한 사람들
언덕에서 세잔의 여인과 눈 맞추고
여인은 나눠질 뭍의 몫을 안고 바다로 들어갔다

태양의 여신은 밤마다 지중해로 온다
수도교 물길 따라, 오로라 빛 따라
라벤더 향이 말하는 오늘의 햇살
붉은 띠 동여맨 아모르 여인은
비잔틴 궁전 기둥 오르는 뱀처럼
목 빼고 서쪽으로 감아 오른다
태양의 문은 플라멩코의 가슴을 열고
헤라클래스의 두 기둥에 기대어 꿈꾸며
소 등에 꽂힌 검을 흔드는 바람은
남녘 사막의 검은 소띠들의 위안을 듣는다

여인의 밤은 바다를 다스린다

아라비안 달빛이 세모 무덤 세워주고
귀 큰 사내의 그림자를 바다로 유혹한다
여인은 해와 달을 바다에 빠트리고
나눠진 뭍의 몫은 바다에 안겨줄 때
제국들은 스스로의 무덤을 만들고 나누어진다
여인의 밤은 깊고 아름다웠다

보슬비 캔디

돌아온다기에 보낸다
보슬비는 그날 내린다
코사메 캔디!

　일본 하이쿠 콘테스트 입선작, 코사메 캔디는 우리말로 보슬비 캔디로 小雨라 쓴다 스물아홉 유학 시절에 카피 회사에 취직하여 만난 이께다라는 친구와 합동 작품으로 카피 네이밍 부문에 출품하여 가작 입상의 영예를 안고, 과자 이름이 "코사메캔디"로 불리였다

　친구 아내는 보슬비 내리는 밤, 숲속에서 밤을 보내고 얻은 선물로 딸이 탄생하고 그 이름을 코사메로 지어, 좋아하는 코사메가 둘이 되었다
　딸이 세상 때 엄마는 북송선에 북으로 끌려갔고, 생이별을 목격한 나는 학업을 마치고 귀국 길에 올랐다

　그 후 친구에게서 독일 여행 소식이 전해오고, 그의 아내는 북한에서 탈출하여 베르겐 마을에 함께 살고 있다는 것, 아내는 북한에서 임시 서방을 얻어 살았고, 오직 도망쳐 나올 일념으로 독일 수입선을 노려 탈출에 성공해 베르겐에 정착했다

〈

  그 마을의 이야기 속에 자기와 흡사한 운명의 여인을 만나 밤새도록 울었다 2차 대전 때 독일 나치군에 맞서는 유대인 마을에 집중 공격이 시작되어 마을 일부는 숲속 피난처를 찾았고 일부는 남아서 나치군에게 저항하는 고난의 나날이었다

  릴카라는 여인은 가족을 마을에 두고 숲속 피난처로 들어가 요새에서 지낸다 아군인 뭇 남성의 위협과 회유를 이기지 못하고 한 남자를 기둥서방처럼 정하는 운명을 택할 수밖에 없었고 딸도 낳게 된다 연합군 승리 후 마을로 돌아온 릴카는 마을의 딸과 숲속의 딸 둘 앞에서 소리 지른다

  전쟁은 싸워서 둘로 나뉘는 것
  우리는 하나의 사랑이다
  두 여인은 숲으로 달린다
  오래된 나무 앞에서 증언의 소리를 듣고
  아! 살아 있음이 사랑이다
  보슬비는 오늘도 내린다
  친구는 나를 찾아 서울 숲으로 오고
  함께 온 코사메 캔디가 노래합니다
  나는 보슬비 캔디입니다

블루스 비행飛行

베일 덮인 까만 침묵의 벌판
참새의 도란거림도 있다
눈 부신 햇살이
일곱 빛 화살로 가슴을 명중
천둥치는 북소리가
구름을 강물에 띄웠다
구름아 오라
한 번은 물러나고 네 번 전진한다
비켜 주고 다시 가는 아량으로
군무는 밀물로 파도 타고
독무는 썰물 되어 바다로 항해한다
몸짓은 철학이다
일률의 조화를 강요하고
세상의 룰이 통제하고 적응한다
가슴 꿰차인 꾸러미들,
구름 따라 하늘로 비행한다
라벨의 볼레로*는 싫다
팔월 보리밭 쓰러지듯
초록 물결 블루스

바람결 하늘 난다

* 볼레로(Bolero) : 클래식 작품 중 가장 잘 알려진 1928년 모리스 라벨 작품

■□ 해설

날아오르고 싶은 자유의지에 대하여

문정영(시인)

"우리 함께 나르고 싶다/ 멈춰 있을 때 뛰는 가슴은 연필 들고 숨 고르며/ 하늘 나는 비행을 시작한다"(시인의 말 중에서)

  곽인하 시인은 시를 통한 젊고 참신한 의식으로 하늘을 날고 싶어 한다. 그런 의미에서 이번 시집은 시인의 날고 싶은 의지의 탄생물이다. 차분하게 반짝이는 시어와 새로운 시세계를 탐구하여 문장마다 하나씩 날개를 달아주고 있다. 아직 현재형이다. 그 모든 것들의 향연을 이 시집의 제목 "나비 등에 오른 자유비행"으로 이야기할 수 있다.
  이번 첫 시집을 발간하는 그의 발걸음은 느리게 시작하였지만 결코 늦지 않은 행보이다. 그것은 시인이 가진 다양한 생각들이 여러 가지 소재를 통하여 신선하게 펼쳐져 있는 시편들을 발견하였기 때문이다. 그런 몇 가지 특징을 서술하면서 시인이 가진 시세계를 찾아가 보자.

1. 개인의 삶 들여다보기

 첫 시집은 보통 가족에 관한 이야기들이 고향의 정서와 함께 풍요롭게 펼쳐진다. 이번 곽인하 시집에도 아버지와 어머니 그리고 시인 자신의 성장 과정이 서사를 통하여 물음표처럼 드러나고 있다. 다만 다른 시집들과는 달리 일반 서정의 편편한 모습이 아니라 객관적 상관물을 통하여 드러냄으로써 일반적인 틀에서 벗어나 있다. 즉 시인의 성장 과정이나 가정사들이 서사적인 구조로 펼쳐져 있다는 것이 매력적이다. 특히 작품마다 삶의 이치가 하나의 의미만 끌어온 것이 아니라서 복합적으로 다가오고 있어 시인의 체험이 진정성이 있게 다가온다.
 그중 대표적인 작품으로는 「불씨」「제3지대」「카렌시아」「초록 잔등」「칸나 크라운」 등이다. 이 시편 들 중에서 시인의 소중한 기억이 짙게 묻어 있는 것들을 살펴보자.

우리 집 마당은 검다

비가 오면 검은 물이 고이고 호미로 땅 파면 내 뿜는 불 내음에 돌이 구워진 텃밭

맨드라미 심으면 붉은 꽃을 피울까

초록 봄에 새는 돌아왔어도 은지는 보이지 않고, 강아지 빈집에 고양이가 들어 검은나비라 이름 지었다

가끔은 흑염소에 쫓기어 큰 눈 번뜩이는 검은나비는 은지의 커다란 눈을 닮았다

아버지랑 옛 화전민은 몰래 불을 질러 산을 다 태우고 도망갔다가 태연하게 돌아와 검정 민둥산에 밭 갈고 금강송 골라와 상량 올려 집 짓고 살았다

아버지는 네 덕분에 새집 짓고 산다고, 내 방 따로 지어 큰 창문을 내주었다

불바다, 그날 은지와 나는 둘이 피운 불더미 속에 감자 묻어놓고, 고라니 노니는 엄마 무덤 찾아가는데, 뒤편 산등성이에 불꽃과 연기가 하늘로 솟구쳤다

그곳, 불더미 속 불씨가 불바다를 이루었다 생각하니 겁이 나서 도망치다 동굴 속에 숨어들었다

〈

　동네는 다 타 버리고 모두는 난민 수용소로 모이고, 은지네는 서울로 이사했다.

　새벽안개 피면 바위 밑 불씨 자리에 율녀가 춤을 추었다 물결 치는 치마폭은 바위의 증언을 아는 걸까 운무 속 긴 머리 처녀가 영산홍 한아름의 불꽃을 안고 왔다

　고라니가 왔다 가면 웅덩이 물이 줄고 먼 데서 놀던 구름은 동굴로 달려갔다

- 「불씨」 전문

　이번 곽인하 시인의 시집은 검고 붉다. 이는 시인이 이번 시집에서 첫 번째 올린 시 「꼬마 병정」에서 "검정과 빨강을 좋아하는 나는"이라고 노골적으로 밝히고 있다. 시인은 의도적으로 시각적 이미지를 이 시집 곳곳에 들여 쓰고 있다. 즉 검정과 빨강은 시집 요소요소에서 반복적으로 등장한다. 검정과 빨강으로 대비되는 시인의 의식은 시 「불씨」를 보면 그 근원을 알게 된다.

　선명한 경험에서 온 기억은 결국 "불바다"라는 비극에 기원을 두고 있다. 불바다는 검은 마당, 흑염소, 검은 나비에 이어 은지

의 커다란 눈에 가닿는다. 아버지는 산이 불탄 후 도망갔다가 다시 돌아와 검은 민둥산에서 금강송을 골라 새집을 지었다. 그랬다. 은지와 시인으로 대비되는 화자는 불바다의 원인이 된 불씨를 제공한 가해자이다. 검정은 결과적으로 가해자의 색이 되고 붉음은 원인론적인 색이 된다. 의식이든 무의식이든 시인은 두 색을 좋아한다고 단정한다. 이는 도피하고 싶은 충동을 이겨내고 지나간 세월을 그리워하는 추억으로 진화된 시인의 의식 세계가 되었다. 물리적 시간은 원초적 시간을 이렇게 담담한 거리로 만들어 준다. 이런 면에서 '불씨'는 이 시집 전체를 관통하는 출발점이 되지 않을까?

    품 안의 상평통보 쇳소리
    아버지가 내 품에 넣어주신 유패
    노랑과 파랑의 소리와 색깔 중에
    나는 가운데를 기도합니다
    한가운데를 품으면 기우뚱거리지 않고
    우리를 온전히 지켜 냅니다

    기울지 않는 집을 짓습니다
    꼿꼿한 초록 벽 사이 법궁의 현판

"중용의 뜰"이라 이름 지은 별자리 유패를

내 아들의 주머니에 넣습니다

- 「초록 잔등」 부분

여인이 쌓아온 성이 있다 아들 둘 불러 모은 늦은 저녁 나란히 누운 두 놈의 양말 벗기고 머리를 쓰다듬다 훌쩍 큰 두 어깨를 만져본다 엄마의 시절은 몸에 익은 전투복 입고 항상 곁에 있는 성지기의 찬 손에 쥐어진 장검을 칼집에 넣는 밤 이야기

- 「칸나 크라운」 부분

또 하나 이 시집의 특징은 하나의 의미망이 여러 가지 이미지와 몇 가지의 기의를 가지고 있다는 것이다. 또한 개인의 사생활에서도 청각과 시각 이미지, 그리고 날아오르고 싶은 행동 이미지가 복합적으로 섞여 있다. 이 시집 속의 가족사는 뚜렷한 의미를 지니지 않으며 꼭 시인 자기 삶의 체험이라고 확인하기도 쉽지 않다.

2. 주어진 역을 연기하며 살아남은 배우의 노래

에픽테토스는 [엥케이리디온]을 통해 말한다. '기억하라, 그대는 연극배우다. 극작가가 원하는 대로 주어진 역을 연기하는 배우다. 그대의 일은 맡은 역을 잘 연기하는 것이지 역을 배정하는 것이 아니다.'라고.

내 등 뒤에 악어를 키웁니다
나보다 느릿한 호흡에, 앞가슴 쪽 새끼 한 마리가 먹이를 원해도 눈을 감고 있지요

그놈이 여름이면 밖에 나가 외로운 듯, 배고픈 듯 항상 입 벌린 악질로 소문이 나서 증권사 친구 말이 "저놈처럼 입 벌리고 덤비면 입에 들어가는 게 없다" 주식은 입을 다물고 있다가 컹하고 벌리면 모두가 빨려 들어가는 고등어잡이야!
너도 세력에 들어와!
친구의 정복자론 나도 찬동하지, 미니언이 챔피언 치면 착취처럼 스펙이 쌓이고 곧바로 정복자로 행세하지 때를 놓치면 악어에게 본때를 보여줄 기회를 놓쳐 버려,
제2의 악어 떼들이 재공격에 들어가면 매복해 있다가 다시 뛰

쳐나오는 지배자들 사냥꾼을 거느리고 악어 세력을 지휘하나 흐름과 성공은 아무도 모르지

　친구는 여름이 지나고 원동력이 임계점을 넘어서자 다시 작전 개시! 문은 열어 놨다고!
　오늘도 긴 잠수 끝에 한 건 물었고 완벽한 포획이었으나 불행히도 동족 초록 악어의 긴 목이었다고, 악어 공격은 무조건 물속으로 끌고 가 질식시켜 잡아먹는 방식이지
　사람들은 섬뜩해하면서도 악어를 거느립니다

　내가 거느린 라코스테는 항상 눈은 감고 있고 큰 입을 벌리고 있습니다

- 「라코스테 작전」 전문

"입 벌리고 덤비면 입에 들어가는 게 없"는 세력이란 의지에 움직이는 거대한 숫자의 세계에서 일개 개미가 살아남는 법은, 동족인 개미를 통해 세력을 질식시켜야 하는 라코스테 작전이다. 살아남으려면 섬뜩한 존재와도 공생해야 한다. 우리가 살아가는 이 사회에는 수많은 악어들이 산다. 미약한 존재로 점 찍히면 생존하기 어려운 환경이다. 시인은 이리 세상의 아이러니한

것들을 풍자하였다. 누구나 공감할 수 있는, 시인의 관찰이 독특하게 드러나 있다.

나 가다가
소낙비 부서지면
얼굴로 맞을 거고
다리 아프다
발길 돌리지 않을 거고
강바람 울어도 소용없는 일

… 중략 …

몇 고개를 따라온 아낙
어디 가냐, 묻는다

아무도 가지 않는 내가 가는 길
가다 쉬고
쉬다 가는 먼 길

- 「하늘 가는 일」 부분

시인은 주어진 역을 사는 삶의 현장에서 "나 가다가/ 소낙비 부서지면/ 얼굴로 맞을 거고/ 다리 아프다/ 발길 돌리지 않을 거"라고 의지를 다진다. "옷깃 사이로 배꼽이 추워 보이고/ 달빛 없으면 보이지 않을 옷/ 머리엔 붉은 띠를 두르고 미소를 배운"(「북소리」)다. 삶이란 무대에서 연기하다 보면 카포테를 만나지만, 아버지란 비로 카렌시아에서 숨 고르며 다음을 기약할 수 있기도 하다. 주어진 역을 묵묵히 소화하다 보면 어느새 수직이 세워져 나비 등에 올라탄 봄이 되는 것이다. 그 봄날이 오기까지 삶과 죽음이라 경계에서 롤러코스터를 타듯 강건한 의지가 불타올라야 한다.

하지만 한 생을 산다는 것은 수많은 갈등과 투쟁의 무대 위에서 날아오르고 싶은 의지를 어떻게 표출하는가이다. 이 시집 속에서 그런 열망의 시편들은 날고 싶은 활동성을 품고 있는 자유 비행과 눈빛 비행 블루스 비행과 연결된다.

3. 나비와 바람의 등을 타고 날아오르는 연습

시인은 아직 열정이 뜨겁다. "노랑과 파랑의 소리와 색깔 중에/ 나는 가운데를 기도합니다"라는 절대 의식을 껴안고 있다. 열정은 당연하게 색깔 중에서 붉은색(빨강)을 상징한다. 시인이 가진 시각적 이미지를 통하여 다양한 대상들을 끌어내어 그 색감을 정열적으로 보여준다.

이번 시집에서 시인은 그 정열적인 색감인 붉음을 스무 번이나 보여준다. 붉은 띠, 붉은 치마, 붉은 햇살, 붉은 깃발, 붉은 천, 붉은 머리띠, 붉은 코트, 붉은 노을, 붉은 눈동자, 붉은 흔적, 붉은 칸나, 붉은 세비로, 붉은 사랑, 붉은 입술, 붉은 꽃, 새빨간 꽃잎 등 다양한 대상을 열정으로 입히고 있다.

어쩌면 이 붉은 색들은 태양을 닮았는지 모른다. 태양을 향해서 날고 싶은 아직은 여기에 머무르고 싶지 않은 시인의 의식과 맞닿아 있다. 그래서 나비와 바람을 통하여 시인은 저 멀리 바다 건너까지 닿고 싶어 한다.

이번 곽인하 시집에는 붉은 열정을 태우고 날아가는 비행 이미지가 많이 나온다. 연관되는 비행기의 이륙과 착륙을 통하여 시인은 정지된 현실에서 벗어나고 싶은 욕구가 가득하다, 어쩌면 경쟁적인 현실에서 벗어나고 싶은 시인의 역설은 아닌지. 비행, 날고 싶은 욕망은 인간의 존재를 살아 있게 한다.

피카소는 눈 셋을 그린다

감춰진 눈은 허공의 과녁을 겨누고

은둔하는 시선을 무섭게 벼르고 있다

… 중략 …

젖은 눈망울, 분노의 붉은 눈동자,

… 중략 …

보이는 눈 하나가 비행한다

… 중략 …

승부 앞에 머무는 빛과 소리의 비행이다

눈빛들 한쪽만 보고 있다

그곳만 알켜내는 고집스런 멈춤을

더욱 넓은 바닷색으로 드로잉하고

공간에서 머물다 다른 빛을 찾아 나른다

- 「눈빛 비행飛行」 전문

    피카소의 그림 속에 시인은 새로운 이념 같은 세상을 그려 넣었다. "감춰진 눈은 허공의 과녁을 겨누고" 있다. 어떤 의지보다 더 굳센 비행을 위한 시인의 눈빛을 느낄 수 있다. 그 눈은 젖어 있고 분노로 인해 붉어져 있다. 그의 자유의지를 실현코자 하는 내면의 각오일 것이다. 그리하여 "보이는 눈 하나가 비행"을 하고 그것은 내가 살아가야 하는 "승부 앞에 머무는 빛과 소리의 비행"으로 전환된다. 이 시가 가진 특징은 시인의 이번 시집에 드러내고 싶은 진검을 모두 보여준 것이다. 결국 이번 시집에서 자주 등장하는 바다와 새로운 세상을 향해 날고 싶어 하는 의지, 그리고 결행코자 하는 고집스러움까지 다 보여준 것이다.

    또 하나 그의 시각적 이미지에서 보여주는 '검정' '노랑' '초록'은 각자의 고유한 색감을 가진다. "검은 물새"와 "교만한 노랑"이 끌려 나오고 수많은 "초록의 잔등"이 행간을 덮고 있다. 색의 이미지는 어떤 것보다 강렬하게 남성적이기도 하다. 시각에 더 밀접한 본능을 독자에게 전한다.

    독무는 썰물 되어 바다로 항해한다

몸짓은 철학이다

일률의 조화를 강요하고

세상의 룰이 통제하고 적응한다

가슴 꿰차인 꾸러미들,

구름 따라 하늘로 비행한다

라벨의 볼레로*는 싫다

팔월 보리밭 쓰러지듯

초록 물결 블루스

바람결 하늘 난다

― 「블루스 비행飛行」 부분

나비섬 행 항공기가 이륙했다

원고지 두 장을 머릿속에 펼친다

몽롱한 이명의 동굴 속에서 지상의 함성과 하늘의 성난 기류가 부딪치고, 항로는 유턴하여 북방으로 향한다 빙하 건너 골짜기마다 순백의 기둥이 돌무덤 속의 자유와 차가운 깃발 모으고, 얼음 신전의 잔해가 된 양파 돔은 시베리아를 지키고 있다

… 중략 …

이제, 다시 회항해야 한다 태풍은 기수를 서남방으로 밀어낸다
발칸반도의 자그레브 꽃 숲, 옛 내분의 연기는 사라지고 폭풍을 다스렸던 용사들이 꿈틀대는 축구장을 지나, 세모 무덤 뾰족이 솟은 중동의 사막으로 날아간다

… 중략 …

이제, 정기 항로를 찾아가야 한다
나비 떼가 반기는 평화와 고요의 정원, 센토사섬
해적들의 은신처라는 전설의 긴장 속에
카펠라 호텔의 뜨거운 열기와 흥정!
몇 개의 버거와 평화 몇 개의 기약인지
나비의 표정엔 없다

하얀 원고지 여백은 반쯤 남아 있다
나비 한 마리 그려 놓았다

-「자유비행」 부분

나비와 비행(항공) 그리고 시인의 상상력으로 채워야 할 원고지, 시인은 수많은 여행의 파편들을 끌어모았고, 어디로든 떠나고 싶은 "초록 물결"을 늘 껴안고 산다. 시인은 어쩌면 젊은 시절 너무나 익숙한 곳에 갇혀 많은 시간을 흘려보낸 지도 모른다. 그에 대한 반응이 시를 쓰게 하였고 넓은 바다를 찾는 것이 아닐까. 시인의 고향이 항구인지, 어부가 꿈이었는지는 묻지 않아도 좋겠다.

4. 여인에 대한 미적 이미지 찾기

이번 곽인하 시집 속의 작품에서는 다양한 길들이 놓여 있어, 인용하고 탐구할 부분들이 "노랑 트렁크"처럼 많다. 그중 시인이 갈구하는 여인(여신)에 대한 것들이 호기심을 자극한다. 모노로그란 감정 요소, 현재 상황 등을 고려하여 자기 이야기를 격정적이거나 조용하게 대사로 풀어낸다는 의미로 '미인'에 대한 시인의 생각을 들여다볼 수 있다. 독자도 그의 감각을 조용하게 들여다보았으면 한다.

그 여인은 누구인지 모른다

농부의 호미 날에 부서진 두 어깨,

눈을 떠 본 세상은 에게해 바닷가

헬레니즘 제국의 여신이 내려와

알렉산드로스 여인으로 환생한다

왕처럼 윗옷을 벌거벗은 여인은 말이 없다

그 몸을 빚은 어머니는 누구일까

양팔을 잘라버린 도둑의 사연도 모른다

제국의 지배자들의 칼날 자국과

그 상처 속에 한이 없어도 존재하는 숨

신전의 음모와 항변의 용서가 섞인

침묵의 대응으로 웅변하고

혁명하는 깃발은 몸으로 펄럭인다

몸의 균형은 아름다운 혼을 부르는 함성!

여인의 숨결은 나비처럼 곱다

정결한 미소와 돌 같은 침묵

빛과 영혼이 부딪치는 외침들

가슴속 보물의 빛을 온몸으로 말하고

제국의 남자를 유혹한다

사나이들은 유물의 뿔잔에 술을 가득 붓고

　　여인에게 올리고 머리 숙인다

　　비너스는 오늘도 침묵하고 있다

　　　　　　　　　　　　　　－「미인 모노로그」 전문

　그리스 신화에 나온 '비너스'는 현대에 와서 미를 상징하는 '란제리' 등의 속옷으로도 표출된다. "제국의 남자를 유혹"하던 "비너스는 오늘도 침묵하고 있"다는 시인만의 감정을 아래의 시를 통해 들여다보자. 현존하지 않는 "발코니로 종이비행기를 날"리는 자유의지의 여인과 맞닿아 있는 것은 아닐까. 여행이 주는 상상력의 끝은 어디까진지 알 수 없어도 "밤마다 바다로 떠나고 싶은 새들과" 함께 "종이비행기를 날리고 설"레고 싶으며 "다음 계절의 예약은 나비의 방"이라는 꿈을 꾼다.

　　바다가 보이는 방으로 주세요

　　햇빛은 들고 조용합니까

　　동백섬 새 떼가 날아든 계절

　　제 발로 걸어 들어오는 난민 수용소

긴 터널을 벗어날 순간은 기다려야지

내 발로 나갈 때까지는 긴 안식년의 동굴이야

밤은 무엇으로 채우나요

505번 방 여인은 요가 다운독 마치고

발코니로 종이비행기를 날립니다

나비가 그려져 있습니다

옆 방 합숙소엔 새들을 불러 채우고

밤마다 바다로 향하는 새들과

훗날 뭍으로 나오는 나비들의 동굴방

유충이 소녀로 커가고 나방 옷을 벗을 때

그 울음소리도 모자라 허물을 날립니다

두 번째 비행기가 날아 왔어요

-나는 오늘 바다로 떠납니다

고래 등 타고 물의 수평을 배우고

밀물과 썰물이 오가는 사연 따라

멀리 날려는 힘의 배분으로 비행하고

파도에 휩쓸리지 않는 세상을 익힙니다

새로 태어나는 변태의 몸에

날개가 돋게 하고 갑옷을 입힙니다

바다는 나비가 가는 어머니 뱃속입니다

새들이 나비로 태어나는 천국

종이비행기를 날리고 설렙니다

새를 그렸습니다

다음 계절의 예약은 나비의 방입니다

- 「나비의 방」 전문

 곽인하 시인은 이번 시집 한 권을 묶기 위하여 시인이 가진 삶의 진솔하면서도 다양한 의식들을 끌어왔다. "내 집은 바다에 있다"(「이방인」)라는 잠재적 의식 속에는 늘 바다 위를 자유롭게 날고 싶은 본능이 살아 있다. 어쩌면 인류가 바다에서 탄생하였다는 진화론에 근거를 두고 있는지도 모른다. 그것은 그가 이방인의 의식을 담고 있고, 그것을 정제하기 위하여 수많은 날개를 펴고 있을 것이라는 추측을 갖게 한다. 현시대를 사는 인간은 너무나 복잡하고 분주하다. 더 강력하고 자극적인 '마약'과 같은 것들을 원한다. 어쩌면 환각을 일으키지는 않지만 중독을 가질 수 있는 요소들이 다양한 이 시집을 읽어보기를 권한다. 독자들의 내면에 끓고 있는 통증을 차분하게 다스릴 수 있으면 충분한 '시치유'의 역할을 다한 것이라 본다. 시인이 원하고 있는 '자유의지'를 통해 새로운 세상을 향해 날고 싶은 '중독'은 누구나 원하고 있기 때문이다.